Schirner
Verlag

Dorothea Dietrich

Einfach glücklich

Anleitung für ein Leben in Fülle

Schirner Verlag

ISBN 978-3-8434-5050-8

Dorothea Dietrich:
Einfach glücklich
Anleitung für
ein Leben in Fülle

Umschlag und Satz:
Silja Bernspitz, aprilfrisches
Redaktion:
Claudia Simon, Schirner
Printed by:
OURDASdruckt!, Celle,
Germany

1. Auflage August 2012

www.schirner.com

Inhalt

»Nimm das Leben zwar wichtig, aber nicht ernst.
Sei offen, bereit, und erwarte das Wunderbare!«

Dorothea Dietrich

Meine Lebenseinstellung

Was immer wir uns wünschen,
können wir erreichen.

Was immer wir uns wünschen, können wir erreichen. Wir tragen die Verantwortung für das, was war, was ist und was kommt. Das, was unsere Realität ausmacht, wird von unseren Gedanken verursacht.

Es gibt keine Zufälle. Gedanken werden gewählt. Menschen, die etwas in ihrem Leben verändern wollen, müssen ihre Einstellung ändern und aktiv handeln. Loslassen, was war, vergeben und sich so annehmen, wie man ist, öffnet dir die Tür zu einem Leben voller Harmonie und Ausgeglichenheit. Schuldgefühle, Selbstkritik und ein Mangel an Eigenliebe halten uns davon ab, wirklich das zu leben, was wir uns wünschen.

Der Weg ist das Ziel.

Vorwort

Ich möchte dich an dem, was ich erfahren habe und immer wieder aufs Neue erfahre, teilhaben lassen, denn es hat mein Leben positiv verändert. Ich möchte dir meine Gedanken zugänglich machen, sodass auch du in deinem Leben positive Veränderungen erfahren kannst.

Dieses Buch ist so konzipiert, dass es dir ermöglicht, sofort damit zu beginnen, das zuzulassen, was du dir wünschst. Das, was deine momentane Realität ausmacht, ist auf deine innere Haltung zurückzuführen. Während des Lesens entwickelst du eine andere Haltung, und du wirst Erkenntnisse erlangen, die noch in dir schlummern, aber bereits darauf warten, an die Oberfläche zu treten.

Ein Grundbedürfnis von uns Menschen ist das nach Harmonie und Ausgeglichenheit. Menschen, die unglücklich sind, sind mit sich nicht im Einklang. Vielleicht befindest du dich auch gerade in so einem Zustand. Du besitzt die Fähigkeit, aus diesem Zustand heraus- und wieder in deine Mitte zu gelangen. Du

kannst das in dein Leben ziehen, was du dir wünschst. Für den Fall, dass du gar nicht weißt, was du eigentlich willst: Dieses Buch kann dich dabei unterstützen herauszufinden, was es ist, was dich glücklich macht, und es dann zu verwirklichen.
Du hast das Gefühl, dass du eine besondere Kraft besitzt, die du jedoch nicht benennen kannst. Aber du weißt, dass du sie besitzt, und der Inhalt des Buches wird sie entfesseln. Du hast eine Kraft in dir, die dir alles ermöglichen kann, wovon du träumst. Du kannst lernen, sie zu verstehen und zu nutzen.

Ich möchte dir von meinem Schlüsselerlebnis berichten, damit du siehst, wie sich die Änderung der inneren Haltung im Außen auswirken kann.
Als ich damals *The Secret* gesehen hatte, fühlte ich mich wachgerüttelt. Es war wie eine Bestätigung, denn irgendwie hatte ich immer schon gespürt, dass eine besondere Kraft in mir steckte, die ich aber eben nicht benennen konnte. Der Film bestätigte mich in dem Glauben daran, und ich fühlte mich unglaublich gestärkt. Ich wollte wissen, wie ich auf schnellstem Wege das in mein Leben ziehe konnte, was ich mir wünschte. Ich war bereit, mich auf etwas Neues einzulassen.

Beachte: Ich brachte die **Bereitschaft** mit zu handeln und war für weitere Schritte offen.

Ein paar Wochen darauf flog ich zu meiner Freundin nach Florida. Während der Zwischenlandung in London/Gatwick schlenderte ich durch die Flughafengeschäfte und sah im Schaufenster eines Buchladens ein Buch liegen. Es hieß *The Key* und war von einem Autor namens Joe Vitale. Ich kaufte es.

Beachte: Ich wurde **aktiv** und **handelte**.

Der Kauf des Buches war für mich ein sehr wichtiger Schritt, denn dieses Buch beschreibt Methoden, die mir dabei geholfen haben, gegenwärtig zu sein.

Der Zustand der Gegenwärtigkeit bedeutet, dass weder negative Gedanken an die Zukunft noch an die Vergangenheit präsent sind.

Während des Fluges las ich das Buch und wurde davon so inspiriert, dass ich dem Vorschlag, sich eine Vision über die Zukunft zu verschaffen, nachkam. Ich begann, den bevorstehenden Urlaub detailliert zu beschreiben.

Hier ein kleiner Auszug davon:
Hannah holt mich vom Flughafen ab. Wir sind beide so froh, dass wir uns wiedersehen. Hannah wohnt mit ihrer Familie in einem schönen Haus. Schon beim Einparken begegnen wir ihrem Nachbarn. Er hat Urlaub und bietet mir an, in den Tagen, an denen Hannah arbeitet, etwas mit mir zu unternehmen. Er besitzt ein Auto, wir unternehmen damit Ausflüge, und wir verbringen eine wundervolle Zeit miteinander.

Dieser Moment ist der
Zeitpunkt, dein Leben zu verändern.

Folgendes geschah: Hannah holte mich vom Flughafen ab, und wir beide freuten uns sehr über das Wiedersehen. Sie besaß ein leer stehendes Apartment, und ich zog mich dorthin zurück, um mir darüber klar zu werden, wie ich meine Zukunft gestalten wollte. Zwei Tage verbrachte ich allein dort.

Mit einem Collegeblock und einem Stift ausgestattet saß ich am Esstisch und begann, mir klarzumachen, was es bedeutet, seine innere Haltung widergespiegelt zu bekommen. Es bedeutete, dass ich sofort beginnen müsse, mich in einen anderen Zustand zu versetzen. Ich zeichnete einen Kreis und schrieb »Ich« hinein. Drumherum schrieb ich auf, weshalb ich allen Grund dazu hatte, mich gut zu fühlen. Am Abend desselben Tages malte ich mit Buntstiften eine männliche Figur und schrieb Eigenschaften auf, die ich mir bei einem realen Mann wünschte. Während ich das tat, fühlte ich mich gut – so, als wäre ich ihm schon begegnet.

Am nächsten Tag beschloss ich, in ein Café zu gehen. Auf dem Weg dorthin fasste ich den felsenfesten Entschluss, sobald ich wieder zu Hause wäre, Kontakt zu Menschen aufzunehmen, die mir das Gesetz der Anziehung genauer erklären konnten.

Beachte: Ich hatte ein tiefes **Verlangen** nach Hilfe und **keinen Zweifel** daran, dass ich sie wollte.

Auf dem Weg sprach ich die ganze Zeit zu mir selbst: *»Ich habe jemanden an meiner Seite, der mir hilft, das Leben zu leben, das ich mir wünsche. Jemanden, der mir hilft, die Gesetzmäßigkeiten zu verstehen und anzuwenden.«* Ich wiederholte das immer wieder und stellte mir dabei vor, dass ich jemanden an meiner Seite hätte, der mir dabei hilft, das Gesetz der Anziehung für mich zu nutzen.

Im Café angekommen zog ich das Buch *The Secret* aus meiner Tasche, beschloss aber im gleichen Atemzug, es wieder zurückzulegen und ein anderes Buch zu lesen. Während ich auf meinen Kaffee wartete, bemerkte ich die musternden Blicke eines Mannes. Er saß mit einem anderen Mann an einem der Tische gegenüber und sah ab und an zu mir herüber.
Nachdem sein Gesprächspartner gegangen war, stand er auf, kam zu mir und fragte mich auf Englisch, ob ich *The Secret* gelesen hätte. Ich bejahte die Frage, und er fragte, wie es mir gefallen habe und ob ich daran glauben würde. Ich bejahte auch diese Fragen und erwähnte, dass ich jemanden suchte, der mir die Gesetzmäßigkeiten genauer erklären könne. Wir unterhielten uns eine Weile, und schließlich fragte ich ihn, was er beruflich mache. Er antwortete: *»Ich unterrichte es.«* Ich war sprachlos. Wir sprachen weiter, und schließlich fragte er mich, ob ich Lust hätte, zum Strand zu fahren. Ich hielt kurz mit mir innere Zwiesprache und sagte zu.

Beachte: **Ich sagte zu.** Ich folgte einem **Impuls.** Etwas in mir sagte mir, dass ich mich darauf einlassen sollte. Ich vertraute meiner Intuition.

Innerhalb von 48 Stunden hatte ich zwei Dinge in einem manifestiert: Die Person, die mir dabei helfen konnte, das zu leben, was ich mir wirklich wünschte, und den netten Nachbarn in einer Person, denn ich konnte das Haus von Kevin – so hieß meine neue Bekanntschaft – von Hannahs Haus aus zu Fuß erreichen. Kevin hatte zwar kein Auto, aber dafür ein Motorrad, was noch viel besser war. Unsere Motorradtouren vermittelten mir das absolute »Mir gehört die Welt«-Gefühl. Die am Abend zuvor gezeichnete männliche Figur ähnelte Kevin sehr: Dieser trug ein blaues Hemd und eine graue Jeans – so, wie ich es gezeichnet hatte.
Inzwischen ist Kevin Baluha mir ein wundervoller Freund und Mentor geworden.

Wir sind es gewohnt,
von *außen* nach *innen* zu leben.

Ich war es gewohnt, hauptsächlich von außen nach innen zu leben. Und nun hatte ich den Beweis, dass ich

im wahrsten Sinne des Wortes von heute auf morgen genau das anziehen konnte, was ich wollte. Denn ich hatte diese Erfahrungen verursacht.
So erfuhr ich, dass die äußeren Umstände nicht einfach *sind*, sondern dass das, was ist, von mir kreiert bzw. erschaffen wird. Ich war zu diesem Zeitpunkt völlig gegenwärtig, das heißt, dass ich weder an die Vergangenheit dachte noch sorgenvolle Gedanken an die Zukunft hegte. Außerdem hatte ich einen Wunsch: Ich wollte einen Coach finden. Ich war regelrecht davon besessen und hatte keinerlei Zweifel daran, dass dies genau das war, was ich brauchte.

Alles, was mich und dich umgibt,
ist von uns *erschaffen.*

Bevor ich das erkannte, hatte ich überwiegend von außen nach innen gelebt – ich hatte es einfach nicht besser gewusst. Heute jedoch ist es mir klar: Meine Gedanken, Gefühle und Handlungen verursachen das, was ist. Die Umstände sind nicht einfach so, wie sie sind, und ich muss mich in ihnen zurechtfinden, sondern die Dinge sind so, wie sie sind, weil ich in bestimmter Art und Weise denke, fühle und handle.

Diese Erkenntnis veränderte mein Leben maßgeblich, und seither verwirkliche ich bewusst genau das Leben, das ich mir wünsche: Ich teile mein Leben mit einem wunderbaren Mann und unserer fröhlichen, gesunden Tochter. Ich bewohne inmitten von Köln ein wunderschönes Haus im Grünen, fahre das Auto, von dem ich immer geträumt habe, mache Urlaub an wunderschönen Orten … Ich könnte die Liste noch weiter fortführen, aber das ist unnötig, denn das, was zählt, ist: Ich bin einfach glücklich. Und das kannst du auch werden, denn:

Jeder Mensch besitzt die Fähigkeit, das zu manifestieren, was er sich wünscht, denn alles, was wir brauchen, sind unser Geist und die Bereitschaft zu handeln.

Der Schlüssel

Offenheit, Wachsamkeit und die Bereitschaft zu handeln sind der Schlüssel, der die Tür zu dem Leben, das wir uns wünschen, öffnet. Der Schlüssel zum Misserfolg ist, es allen recht machen zu wollen. Wir neigen dazu, den Ansprüchen anderer genügen zu wollen, weil es unsere größte Angst ist, nicht geliebt, sondern abgelehnt zu werden. Diese Angst ist bei uns Menschen unterschiedlich stark ausgeprägt, aber jeder von uns trägt sie in sich. Willst du also das Leben führen, von dem du träumst, musst du die Bereitschaft mitbringen zu handeln.

Ich möchte das gerne an einem weiteren Beispiel anschaulich machen:
Eine Praktikantin von mir wollte nach der Schule unbedingt als Au-pair in die USA reisen. Sie sprach darüber, welche Bedenken sie hinsichtlich der Vermittlungsagenturen hatte und dass sie nicht wusste, wie sie an eine »gute« Familie kommen soll. Ich bot ihr an, meine amerikanische Freundin, die ein kleines Kind hatte und auf der Suche nach einem Au-pair war, zu kontaktieren. Darauf erwiderte sie, dass sie im Moment so viel zu tun habe, und sie nahm die von mir angebotene Telefonnummer nicht an.
Das Annehmen der Nummer und die Bereitschaft, Kontakt aufzunehmen, hätten ihr Leben maßgeblich verändern können, aber sie hat diese Gelegenheit einfach verpasst.

Manchmal sabotieren wir uns selbst und verwehren den Dingen, die wir uns wünschen, den Einlass in unser Leben. Ja, das Universum liefert uns das, wonach wir fragen, aber wenn kein Empfänger da ist, kann es nicht angenommen werden.

Was klopft an deine Tür?

**Das, was ist –
ein Spiegelbild deiner Überzeugungen**

Das, was in deinem Leben real ist, spiegelt deine Denkweise wider.
Babys werden in die Welt geboren und *sind* einfach. Ihren Bedürfnissen verleihen sie Ausdruck, indem sie schreien und damit Aufmerksamkeit und Zuwendung fordern, wann immer sie sie brauchen. Sie machen sich keine Gedanken darüber, ob sie stören und anderen auf die Nerven gehen könnten. Kinder kommen auf die Welt und nehmen Dinge einfach wahr. Sie urteilen und werten nicht. Nun wird ein Kind aber in ein bestimmtes Umfeld hineingeboren und davon geprägt. Es sieht Bilder, hört Worte und bekommt Gedanken und Ideen

vermittelt. Als Kind hinterfragt man die Dinge nicht. Bringt eine Mutter ihrem Kind bei, dass das Leben hart sei und man sich im Leben verteidigen müsse, dann übernimmt das Kind diese Überzeugung und macht sie zu der seinen. Meint ein Vater, dass Porschefahrer arrogant seien, wird das Kind diese Annahme übernehmen und folglich Menschen begegnen, die ihm genau diese Annahme widerspiegeln. Das Kind wird dann, auch später als Erwachsener, dem Vater recht geben und sagen: *»Das hat mein Vater schon immer gesagt: Porschefahrer sind arrogant.«* Es erlebt es so, weil es die Annahme verinnerlicht hat. Änderte es aber seine Einstellung, würde seine Realität ihm etwas anderes zeigen.

Kinder übernehmen die Denkweise ihrer Eltern. So hast auch du die Denkweise deiner Eltern und deines Umfeldes übernommen. Deine Realität richtet sich nach dem, was du denkst.

Wir sind als Kinder auf eine bestimmte Weise regelrecht konditioniert worden. Es liegt an uns zu entscheiden, inwieweit wir das in Ordnung finden und so beibehalten wollen, oder ob wir herausfinden, dass wir etwas anderes wollen, und dann neue Annahmen bilden.

Informationen sind, sobald sie durch die Sinne aufgenommen werden, zunächst einmal neutral. Der Porsche ist erst einmal ein Ding aus Blech, das glänzt. Ob es schön glänzt, ist schon eine Wertung.

Jeder Mensch hat eine andere Wahrnehmung. Sie ist unsere Perspektive, unser Blickwinkel und die Fähigkeit, etwas anders zu sehen, als es dem äußeren Anschein nach ist. Wir beginnen, Dinge auf eine bestimmte Weise wahrzunehmen, indem wir anfangen, sie zu bewerten. Wir nehmen etwas wahr und lassen es durch unser Wertesystem laufen. Denkt man beispielsweise über einen dicken Menschen, dass er faul sei, dann hat man diese Denkweise irgendwann einmal übernommen. Durch tatsächliche Begegnungen mit dicken Menschen, die faul scheinen, fühlt sich derjenige, der an dieser Überzeugung festhält, bestätigt, und so nimmt die Spirale ihren Lauf.

Zeichne hier einen Kreis.

Ist dieser Kreis groß oder klein? Zunächst *ist* er einfach.

Zeichne nun daneben einen zweiten Kreis.

Wie stellt sich nun der erste dar? Ist er groß oder klein? Dadurch, dass du ihn in Bezug zu dem anderen setzt und der Prozess des Vergleichens stattfindet, wird er bewertet. So ist es auch mit anderen Dingen in deinem Leben.

Wie stehst du nun der wahrscheinlich schon oft vernommenen Aussage *»Aber es zählen nun mal die Fakten«* gegenüber?

Das Gesetz der Relativität
besagt, dass nichts schlecht oder gut, groß oder klein ist, sondern, dass die Dinge erst einmal neutral sind – und zwar so lange, bis wir anfangen, sie mit etwas zu vergleichen.

Der Prozess des Vergleichens findet im Kopf statt. Unsere Vernunft ist demnach vollkommen subjektiv. Wenn wir unsere Überzeugungen ändern, kreieren wir eine andere Realität.

Selbstsabotage

Die meisten Menschen haben unbewusst die Überzeugung verankert, dass sie nicht gut genug für ein bestimmtes Leben seien oder dass sie es nicht verdient hätten, so zu leben, wie es sie wirklich glücklich machen würde.

Als ich mich vor ein paar Wochen mit einem Freund traf, bemerkte ich, dass ich mich in seiner Gegenwart ein wenig niedergeschlagen fühlte. Ich dachte darüber nach, und mir fiel auf, dass mein Freund einfach unschlagbar darin war, jedes Buch, jede Selbsthilfemethode, jedes Konzept, jeden Workshop abzulehnen. Ich hatte eigentlich vor, mit ihm meinen geplanten Workshop durchzugehen, dazu kam es aber nicht mehr. Ich empfahl ihm ein Buch von einem Kollegen, der nachweislich zig Menschen dabei geholfen hatte, ein selbstbestimmteres Leben zu leben und einen Weg im Leben einzuschlagen, der sie glücklich machte. Er unterbrach mich und sagte: *»Ganz ehrlich? Das ist alles Humbug. Der erzählt Mist, und ich kenne eine Menge Leute, die auch sagen, dass das alles Quatsch sei. Das Leben ist hart, und du hast leicht reden.«*
Nun, mein Freund hatte natürlich recht mit dem, was er sagte. Mit Sicherheit befanden sich Menschen in seinem Umfeld, die genau das sagten und ihn in seinem Denken bestätigten. Gleichzeitig war er unglücklich und frustriert.

Spielt es eine Rolle, was andere sagen? Das, was wirklich von Bedeutung ist, ist unser eigenes Wohlbefinden,

unser Glück und unsere Gesundheit. Die Wahrheit ist, dass es nicht *das* Buch oder *die* Methode oder *den* Coach gibt. Denn jeder Mensch ist individuell. Jeder Mensch muss für sich herausfinden, was ihm dabei hilft, das zu tun und zu verwirklichen, was seinem wahren Herzenswunsch entspricht.
Mein Freund erstickte jedoch alle Möglichkeiten sofort im Keim, denn er verwehrte den Möglichkeiten, die ihm helfen könnten, den Zutritt in sein Leben. Indem er das tat, blieb er da stehen, wo er war: in einem Zustand der Unzufriedenheit.

Wenn wir keine Tür öffnen,
sehen wir auch nicht, was dahinter ist.
Ob wir *hindurchgehen,*
können wir immer noch entscheiden.

Welche Chancen, die dich an dein Ziel bringen können, erstickst du im Keim, weil du sie nicht als solche erkennst?

Blockst du etwas ab?

Vielleicht oder mit Sicherheit hast du dich bislang unbewusst geweigert, sinnbildlich gesprochen, durch bestimmte Türen zu gehen bzw. sie zunächst einmal zu öffnen. Für den Fall, dass du genau in diesem Moment einen bestimmten Gedanken hast, verwirf ihn nicht, denn genau das kann die Tür sein.

Warum geschehen bestimmte Dinge?

Das Verhalten meines Freundes zeigte mir, dass in mir bestimmte Widerstände vorhanden waren. Und es war eine gute Übung, um mich selbst auf Unsicherheiten zu prüfen. Ich nahm das zum Anlass, mich von meinem damaligen Bedürfnis, ihn auf meine Seite zu ziehen, zu lösen.

Ich bin ihm sehr dankbar, denn er hat mir dabei geholfen, folgende Überzeugungen zu entdecken: *»Ich weiß, was für andere am Besten ist«*, und: *»In einer Freundschaft muss man einer Meinung sein.«* Indem ich andere so nehme, wie sie sind, und verstehe, dass jeder Mensch seinen eigenen Weg geht, höre ich auf, anderen das aufzwingen zu wollen, wovon ich glaube, dass es für sie das Beste sei.

Ich habe diese Situation auch deswegen angezogen, weil ich die Herausforderung brauchte, denn sie machte mich stärker. Aus der Perspektive meines Freundes betrachtet hat er wahrscheinlich die Situation deshalb verursacht, weil er vielleicht ebenfalls die Herausforderung gesucht hat und sich selbst beweisen wollte, dass er durchaus die Fähigkeit besitzt, seinen Standpunkt klar zu artikulieren.

Ich kam durch diese Situation zu folgender Einsicht, die mir dabei half zu entspannen: Indem ich einfach mein Leben lebe und zeige, dass ich das, was ich mir wünsche, zulasse, besteht eher die Chance, dass die Menschen aus meinem Umfeld von sich aus kommen und Fragen stellen und von selbst den Wunsch verspüren, ihr Leben zu ändern. Wir neigen manchmal dazu, anderen das, was bei uns selbst Positives bewirkt, aufzwingen zu wollen. Jeder Mensch ist aber individuell und findet für sich selbst den Zeitpunkt für Veränderung im Leben.
Es ist ein Irrglaube, dass wir, indem wir Druck in irgendeiner Form ausüben, andere dazu bringen können, zuzuhören und sich zu öffnen. Das Gegenteil ist der Fall.

Warum stört uns das Verhalten anderer?

Wir sind ein Leben lang
darauf konditioniert worden,
von außen nach innen zu leben.

Immer wieder geraten wir in Situationen, in welchen uns das Verhalten anderer stört.
Das Verhalten meines Freundes löste zunächst ein schlechtes Gefühl in mir aus. In diesem Moment nahm ich an, dass er sich gegen mich richtete, was aber nicht der Fall war. Menschen handeln, weil sie ein bestimmtes Bedürfnis befriedigen möchten. Mein Freund hatte vielleicht das Gefühl, von meinem Enthusiasmus überrollt zu werden, und daraus entwickelte sich bei ihm das Bedürfnis nach Authentizität oder Akzeptanz dessen, was er dachte. Das führte zu einer vermeintlich aggressiven, gereizten Äußerung, die aber eigentlich meinte: *»Ich habe auch was zu sagen und will ernst genommen werden.«*

Dem Wunsch, ein bestimmtes Bedürfnis zu befriedigen, geht eine bestimmte Annahme voraus, ein Gedanke, der ein Gefühl auslöst, welches zu einer Handlung führt. Indem ich mir schon während unserer Begegnung und besonders danach klar gemacht habe, dass er sich aufgrund seiner Annahmen, die mit mir aber nichts zu tun hatten, auf eine bestimmte Art und Weise verhalten hatte, bin ich wieder in Einklang mit mir geraten.

Mein Verhalten war bei ihm nur der Auslöser für sein Verhalten. Die Ursache lag woanders und zwar in der Art und Weise, wie gedacht wurde. Wenn mein Freund beispielsweise dächte, dass er auf der Strecke bliebe, wenn andere beruflich Erfolg hätten, begänne er, sich weniger hilfsbereit gegenüber anderen zu verhalten, und würde somit sogar eventuell dafür sorgen, dass seine Überzeugung real würde.

Kontrolle ausüben

Überlege dir, in welchen Situationen du versuchst, andere zu kontrollieren, und wann du sie nicht so sein lässt, wie sie sind. Du lässt jemanden nicht so sein, wie er oder sie ist, wenn du aus einem Gefühl der Disharmonie heraus handelst und von deinem Gegenüber ein anderes Verhalten forderst.

Stelle dir die Frage, warum du andere nicht so sein lässt. Indem du dir selbst darauf Antworten gibst, kommen deine Annahmen über bestimmte Dinge ans Licht.

Nehmen wir an, dass du eine Beziehung führst, und du findest, dass dein Freund und du zu wenig zusammen unternehmen. Du wünschst dir, dass er mit dir ins Museum geht, anstatt ständig Fußball zu schauen. Du teilst dich deinem Freund mit, aber er gibt dir zu verstehen, dass er nicht ins Museum möchte, weil er keinen Sinn darin sieht, Kunstwerke anzuschauen. Nun beginnst du, darauf zu bestehen, dass ihr trotzdem dorthin geht.

Deinen Freund um etwas zu bitten, ist völlig in Ordnung, aber in dem Moment, wo du beginnst, zu fordern und ihn zu Dingen zu bewegen, die er nicht wirklich tun möchte, lässt du ihn nicht so sein, wie er ist. Es stellt sich die Frage, warum du nicht bereit bist, ihn so sein zu lassen, wie er ist, und warum du auf dem gemeinsamen Besuch im Museum bestehst.

Schreibe dir deine Wünsche

oder eventuelle Forderungen auf.

Beispielsweise: *Ich möchte, dass wir mehr gemeinsam unternehmen.*

Und stelle dir die Frage, warum du Wünsche an deinen Partner hast oder gar Forderungen an ihn stellst. Lasse die Antworten auf das Warum zu und auch eventuelle Ängste.

Gerade in Beziehungen neigen wir dazu zu glauben, dass wir ein bestimmtes Verhalten des Partners brauchten, um glücklich sein zu können. Indem du generell glaubst, dass du ein bestimmtes Verhalten von gewissen anderen Menschen brauchtest, um dich gut zu fühlen, fühlst du dich abhängig und entwickelst Verlustängste. Das, was dich gut fühlen lässt, sind in dem Sinne nicht dein Partner oder andere Menschen, die dich umgeben, sondern deine Harmonie mit dir selbst, die du durch deine Gedanken erzeugst und folglich durch deine Gefühle.

Du entscheidest, worauf du dich gedanklich fokussierst. So kannst du dich bei den Menschen in deinem Umfeld auf deren positive Eigenschaften ausrichten. Um auf das oben genannte Beispiel einzugehen: Dein Partner geht vielleicht nicht mit dir ins Museum, aber dafür hat er andere tolle Eigenschaften zu bieten. Sie sind da, du musst dich nur dazu entscheiden, sie zu sehen. Und vielleicht fällt dir ja ein, dass eine Freundin viel besser für einen Museumsbesuch geeignet wäre. Indem du gelassener wirst, keine Forderungen stellst, werden dein Partner und andere Menschen in deinem Umfeld ganz von selbst auf dich zukommen.

Wie denkst du nun über das, was oben auf der Liste steht? Hat es weiterhin für dich die hohe Wichtigkeit wie zuvor? Vielleicht bist du schon an dem Punkt, an dem du denkst: *»Es wäre schön, wenn dieses oder jenes geschehen würde, aber ich brauche es nicht mehr, um mich gut zu fühlen. Ich entscheide mich dafür, ihn/sie so zu akzeptieren, wie er/sie ist.«*

Mitgefühl

Du fühlst dich manchmal schlecht von jemandem behandelt und kannst ein Verhalten nicht nachvollziehen? In solch einem Fall kann es schwierig sein, dich auf das zu fokussieren, was du willst. Dich krampfhaft auf das zu fokussieren, was du willst, ohne das aufzulösen, was dich schlecht fühlen lässt, funktioniert nicht. Du kannst die negativen Gefühle zwar verdrängen, aber damit wären sie nicht aufgelöst, sondern immer noch vorhanden.

Du kannst lernen, für andere Menschen Mitgefühl zu entwickeln. Das hilft dir, Verständnis zu entwickeln und das Verhalten anderer nicht auf dich zu beziehen. Nehmen wir mal an, du hast einen Chef, der dich schlecht behandelt. Er kommuniziert vielleicht nur wenig mit dir und grüßt dich nur kurz, ohne eine Miene zu verziehen. Sein Verhalten stört dich, solange du es auf dich beziehst. Es stört dich, solange du glaubst, dass er dich so behandeln würde, weil du irgendwelche Defizite hättest.

Indem du weißt, dass Menschen handeln, um ein bestimmtes Gefühl zu erlangen, beziehst du das Verhalten anderer nicht mehr auf dich.

Das heißt nun konkret auf deinen Chef bezogen, dass er die unterschiedlichsten Beweggründe für sein Verhalten haben könnte. Es mag sein, dass er gelernt hat, dass ein Chef mit seinen Angestellten nicht freundlich umgehen sollte, weil diese ihm sonst auf der Nase herumtanzen könnten. Du weißt nicht, was es ist, aber es hat nichts mit dir zu tun. Heißt das im Umkehrschluss, dass es auch nichts mit dir zu tun hätte, wenn dein Chef superfreundlich wäre und das Gespräch mit dir suchen würde? (Ich spreche hier von ehrlicher Freundlichkeit.) Überlege dir einmal, warum er sich so verhalten könnte? Falls du keinen Chef hast, dann übertrage es auf eine Freundin oder einen Freund, einfach jemanden, der dir gut- bzw. Gutes tut.

Wir tun Dinge, um uns gut zu fühlen, und wenn es sich für jemanden gut anfühlt, wenn er oder sie dir Gutes tut, dann freue dich drüber.

Für den Fall, dass du von jemandem nicht so behandelt wirst, wie du es dir wünschst, bedeutet das nicht, dass du ebenso mit anderen umgehst und das gespiegelt bekommst. Es kann sein, dass es dir einfach zeigt, was du nicht willst, und es dir so gelingt zu formulieren, was du willst. Es kann sein, dass du dadurch lernst, dass du Herausforderungen annehmen und bestehen kannst. Je mehr du bei dir bleibst und in solch einer Situation daran glaubst, dass sie ihren Sinn hat (oft wird einem das erst im Nachhinein klar), und je mehr du für die andere Person Mitgefühl entwickelst, desto schneller kannst du dich wieder auf das konzentrieren, was du willst. Und infolgedessen wirst du nicht mehr in so eine Situation geraten.

Dein Leben beginnt,
sich zu transformieren.

Denken vs. Fühlen

Manchmal denken wir, dass wir etwas tun sollten, weil wir vom Kopf her wissen, dass uns das Angehen bestimmter Dinge Erleichterung verschaffen würde. Aber oftmals sind wir nicht in der Lage zu handeln. Wie kommt das, und wodurch lässt sich das begründen?

Kai, ein Freund von mir, hat Referenzen und Fähigkeiten, die wenige Menschen besitzen. Er spielt unwahrscheinlich gut Klavier, ist Autor und sehr erfolgreich in seinem Beruf. Er verdient mehr, als er ausgeben kann. Im Berufsleben tritt er selbstbewusst auf. Neulich waren wir in einer Bar, und ich wollte ihn mit einer Freundin bekannt machen, die ihm gefiel. Als ich sie ihm vorstellte, bekam er kein Wort heraus, und er schaffte es nicht, sich so zu verhalten, dass ein normales Gespräch zustande kommen konnte. Eine Freundin nahm ihn zur Seite und sagte ihm: *»Schau dich doch an, niemand hier sieht besser aus als du! Die Frau mag dich und ist froh, dass ihr euch unterhaltet, sie hat den Abend darauf gewartet, dass ihr endlich miteinander sprecht.«*
»Ich fühle mich aber mies, und ich kann einfach nicht locker sein«, gab er zur Antwort. *»Das war eine blöde*

Idee, sie mir vorzustellen!« Er verließ die Bar und ging auch später nicht ans Telefon.

Die Macht des Unterbewusstseins

Es gibt einen Unterschied zwischen dem denkenden Verstand und dem fühlenden Verstand. Das Bewusstsein ist der denkende Verstand. Unser Unterbewusstsein ist der emotionale bzw. gefühlte Verstand.

Aufgrund seines schlechten Gefühls war Kai nicht in der Lage, so zu handeln, wie er es eigentlich für sinnvoll hielt. Sein denkender Verstand sagte ihm: *»Ich bin erst 32 Jahre alt. Ich verdiene über 100 000 Euro im Jahr. Ich habe in Oxford studiert. Ich sehe besser aus, als so manch anderer, und ich wäre ein guter Freund und Ehemann.«* Sein gefühlter Verstand sagte ihm jedoch: *»Ich bin es nicht wert, geliebt zu werden«, »Ich kann sie nicht halten«,* oder etwas in der Art, jedenfalls etwas, was ihn davon abhielt, die Frau näher kennenzulernen und seinen Wunsch, eine feste Beziehung zu führen, zu manifestieren.

Wir handeln nach unserem Gefühl, und unser Unterbewusstsein bestimmt unser Verhalten. Wir werden in unserer Kindheit durch unser Umfeld geprägt. Wir hören Meinungen von anderen und übernehmen sie. Vielleicht hat Kai von seinem Vater gehört, dass man schöne Frauen nicht halten könne und man aufpassen müsse, dass sie einen nicht ausnutzen. Es ist nichts weiter als eine Annahme, die aber in seinem Unterbewusstsein verankert ist und dafür sorgt, dass er sich auf eine bestimmte Weise verhält, und die so verhindert, dass er näheren Kontakt zu Frauen aufnimmt, die ihm eigentlich gefallen.

Mit dem Verstand oder dem Bewusstsein können wir bewusst Gedanken wählen.

Du drückst deine Gefühle in Form von Handlungen aus. Die Handlungen verursachen deine Realität, und genau die möchtest du verändern. Unten siehst du eine Grafik, die im Rahmen der Concept Therapy erdacht wurde und das noch einmal veranschaulicht.

Viele Menschen glauben, dass sie anders handeln müssten, um etwas anderes zu erleben. Um anders handeln zu können, muss aber zunächst ein anderer Gedanke gedacht bzw. gewählt werden und in das Unterbewusstsein dringen. Ist er dort angekommen, beginnen wir, uns anders zu verhalten.

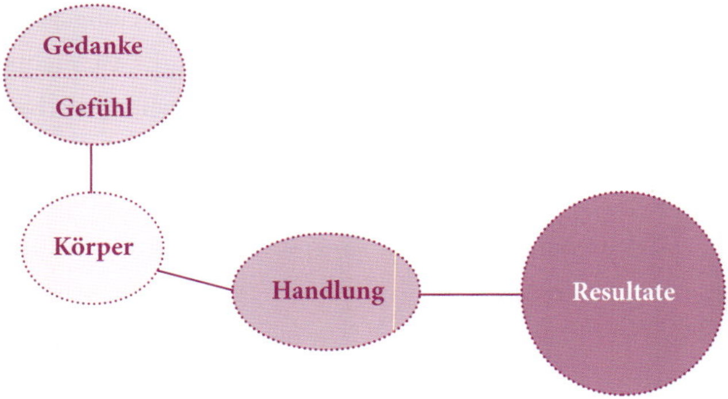

Die Macht des Wählens

Der bewusste Verstand entspricht dem denkenden Verstand. Wir nennen diesen Teil auch Intellekt. Der Intellekt hat die Fähigkeit, etwas anzunehmen oder abzuweisen. Wir besitzen durch ihn die Macht des Wählens. Das Unterbewusstsein kann nicht zwischen Imagination und Realität unterscheiden. Der unterbewusste Geist, auch Unterbewusstsein genannt, nimmt die Dinge einfach so, wie sie sind. Er wertet nicht.

Wir können tatsächlich wählen, welche Gedanken wir denken. Denkst du lange genug an etwas, was du willst, etwa: *»Ich bin erfolgreich«*, beginnst du, anders zu handeln, sobald es in deinem Unterbewusstsein verankert ist.

Da das Unterbewusstsein nicht zwischen Realität und Imagination unterscheiden kann, ist es wichtig, dass du deine Ziele und Wünsche in der Gegenwartsform formulierst.

Etwa: *»Ich bin erfolgreich«*, und nicht: *»Ich will erfolgreich sein.«* Du handelst nach dem, was du unterbewusst denkst bzw. fühlst. Wenn du nach *»Ich bin erfolgreich«* handelst, verhältst du dich dementsprechend. Du fühlst dich erfolgreich und trittst auch so auf. Beispielsweise verhältst du dich bei einem Telefonat mit einem eventuellen zukünftigen Arbeitgeber so selbstsicher, dass die Folge ein Vorstellungsgespräch ist. Aus dem Vorstellungsgespräch resultiert ein Job usw. Eins folgt dem anderen, und das Gesetz des Wachstums greift.

Wille

Nun hast du mit Sicherheit schon einmal versucht, etwas zu erreichen, und du wolltest es auch unbedingt, aber es hat nicht geklappt. Wenn ich dich jetzt bitten würde zu frieren, dann würde es nicht auf Knopfdruck funktionieren.

Wie bereits erläutert, handeln wir aufgrund unseres Unterbewusstseins. So erklärt es sich auch, weshalb Raucher immer wieder zur Zigarette greifen. Vom denkenden Verstand her wissen sie, dass es schädlich ist, aber sie tun es trotzdem. Würden sie lange genug bewusst denken, dass sie Nichtraucher sind, würde es sich im Unterbewusstsein verankern. Infolgedessen würden sie anfangen, sich anders zu verhalten und nicht mehr zur Zigarette greifen.

Hierzu eine wahre Geschichte einer meiner Klientinnen:
Stefanie war starke Raucherin und hatte beschlossen aufzuhören. In der Grundschule wird viel mit sogenannten Verstärkerplänen gearbeitet, und ich hatte für sie einen Smiley-Plan entworfen. Für jeden Tag, an

dem sie nicht rauchte, klebte sie einen Smiley auf den Plan. Nach vier Wochen waren es 15 Smileys. Sie hatte also an 15 von 30 Tagen nicht geraucht. Eines Tages kam sie abends nach Hause und freute sich auf eine Zigarette. Sie schaltete den Fernseher ein, und es lief die Uri Geller Show. Uri Geller forderte in dem Moment die Zuschauer auf, dass sie sich bereit machen und ihre Zigarettenschachteln holen sollten. Stefanie ließ sich darauf ein und wiederholte die Sätze, die Uri ihr vorsagte. Seit diesem Tage hat sie nie mehr geraucht.

Stefanie hat durch ihre Gedanken bestimmte Signale ausgesendet, und genau zum passenden Zeitpunkt und am rechten Ort erschien Uri – ob er nun wirklich außergewöhnliche Kräfte hat oder nicht, ist in diesem Fall irrelevant. Stefanie hat lange genug bewusst gedacht, dass sie rauchfrei lebt, und der Smiley-Plan und Uris Worte haben ihr noch einmal zusätzlich geholfen, sich selbst als Nichtraucherin zu sehen. In ihr Unterbewusstsein war ihr neues Selbstbildnis gedrungen, ihr Bildnis von einer rauchfreien Stefanie, und da wir nach dem Unterbewusstsein handeln, konnte sie mit dem Rauchen aufhören. Sie hätte auch aufgeben können, als das Ergebnis noch nicht sichtbar war – denn sie hatte zwar weniger, aber immer noch geraucht. Stefanie

wollte aber unbedingt aufhören. Das Ergebnis ist, dass sie bis heute Nichtraucherin ist.
Nachfolgend findest du den Smiley-Plan. Überlege dir, was dein Ziel ist, und für jeden Tag, an dem du dich überwiegend so fühlst, als hättest du dein Ziel bereits erreicht, zeichnest du dir einen Smiley ein. Wir leben das Leben, wovon wir selbst glauben, es verdient zu haben. Es ist alles eine Frage der Perspektive und der eigenen Wahrnehmung.

Smiley-Plan

Ich habe es verdient, ein gesundes Leben zu führen.	Ich lebe ein gesundes Leben.

Gedächtnis

Du kannst dein Gedächtnis ähnlich trainieren wie deinen Bizeps. Die meisten Menschen missbrauchen allerdings ihr Gedächtnis, indem sie an all die möglichen negativen Auswirkungen denken, wenn sie vor einer Entscheidung stehen. *»Das könnte passieren und mich in eine Krise stürzen«, »Dies oder jenes könnte passieren, und das Risiko ist zu hoch«* –, solche Gedanken, die nichts mit der Gegenwart zu tun haben, führen dazu, dass ein Vorhaben nicht umgesetzt wird.

Die Dinge, die du besitzt, und die Dinge, die du tust, verstärken deinen momentanen Zustand. Es geht darum, wie du dich fühlst. Wenn du im Einklang mit dir bist, verstärken die Dinge, die du tust, und die, die du besitzt, deinen Zustand. Wenn du im Einklang mit dir bist, ziehst du Dinge in dein Leben und übst Aktivitäten aus, die diesen Zustand noch verstärken. Wenn du aus einem Gefühl des Durcheinanders und der Disharmonie heraus versuchst, dich weiterzubewegen, wird sich dein Unwohlsein noch verstärken.
Setze gedanklich neu an, und frage dich, wie du dich fühlen willst.

Aus einem *Zustand* der
Balance heraus kannst du
die Dinge, die dich umgeben, genießen,
und du manifestierst mehr von ihnen.

Viele meiner Klientinnen empfinden es als hilfreich, sich noch einmal bewusst zu machen, dass ein Gedanke das Gefühl verursacht. Und das Wissen, dass Gedanken wählbar sind, hilft ihnen, den gedachten negativen Gedanken durch einen positiven zu ersetzen.

In vielen Menschen erwacht der Wunsch,
etwas zu *besitzen*, aus einem Gefühl
des *Mangels* heraus.

Oftmals wollen sie Dinge deswegen, eben weil sie sie nicht besitzen. Sobald sie das besitzen, was sie haben wollten, ergeben sich wieder neue Dinge, die sie nicht haben und die sie besitzen wollen. Diese Menschen werden nie zufrieden sein, denn sie fokussieren sich immer auf das, was sie nicht haben, und so entsteht ein Kreislauf. Ein nicht endender Kampf beginnt, denn sie bringen eine Sache nach der anderen in ihr Leben, von denen sie jedoch keine dauerhaft befriedigt. Der

Mangel drückt sich dann in unterschiedlichen Bereichen aus.
Beispielsweise wartet eine Person auf einen noch nicht gezahlten Gehaltsscheck. Die Wartezeit ist negativ besetzt, denn es hängt viel von diesem Geld ab, weil damit überfällige Rechnungen bezahlt werden sollen. Immer wieder hat die Person Panikattacken, weil sie zeitweise daran zweifelt, dass das Geld überhaupt ankommen wird. Die Zeit des Wartens ist unerträglich, aber schließlich kommt das Geld, und alles kann erledigt bzw. bezahlt werden.

Das Mangelgefühl ist aber nicht gelöst. Entweder drückt es sich in einem anderen Lebensbereich aus oder aber in dem gleichen. So kann es beispielsweise geschehen, dass nun das Auto der Person kaputtgeht und aufgrund der erforderlichen Reparatur erneut der Geldmangel eintritt.

Viele Menschen glauben, dass der Besitz von Geld ihre Leere füllen würde, aber das ist nicht wahr, solange sie tatsächlich auf den Mangel fokussiert sind. Das ist gegen das Gesetz des Resonanz.

Jede Handlung, die aus einem Gefühl des Mangels heraus getätigt wird, ist kontraproduktiv.

Sie führt immer dazu, dass das Mangelgefühl ein Bestand des Lebens der Person bleibt. Die Menschen, die diese Leere spüren, sind es gewohnt, in einer bestimmten Art und Weise zu denken und folglich zu leben: *»Meine innere Leere wird durch materielle Dinge gefüllt. Ich brauche materielle Dinge, die die Leere füllen.«* Die Leere hat aber weiterhin in ihrem Leben Bestand.

Indem du Ausschau nach Gedanken hältst, die sich gut anfühlen, schlägst du eine andere Richtung ein. Du beginnst, positive Aspekte zu finden und dich auf das zu konzentrieren, was du wirklich willst. So gelangst du aus dem Gefühl des Mangels in einen Zustand der Zufriedenheit.

Wenn du das umsetzt,
geschieht etwas *Fantastisches:*
Die Dinge, die du willst,
strömen in deine *Realität.*

Aber die Dinge sind nicht dafür da, deine Leere zu füllen, sondern sie sind da, weil deine Leere nicht mehr vorhanden ist. Es geht nicht darum, dass du aufhören sollst, etwas besitzen zu wollen, ganz und gar nicht, aber es geht darum, dass du dich zunächst in einen Zustand versetzt, in dem du dich gut fühlst.

Die meisten Menschen konzentrieren sich auf das, was in ihrem Leben momentan geschieht. Erleben sie Dinge, die ihnen guttun, fühlen sie sich gut, erleben sie etwas, was ihnen nicht gefällt, fühlen sie sich schlecht. Wenn du nur die Fähigkeit besitzt, das zu sehen, was im Moment präsent ist, dann wird sich dein Leben nicht verbessern.
Finde einen Weg, der dir hilft, optimistisch in die Zukunft zu schauen. Wir besitzen die Fähigkeit der Imagination. Wir können Informationen, die wir durch unsere Sinne aufnehmen, ignorieren und stattdessen ganz andere Bilder sehen.

Indem wir unsere
Vorstellungskraft entwickeln,
beeinflussen wir auch unsere Gefühle.

Du kannst deine Fähigkeit der Imagination ähnlich wie einen Muskel trainieren.
Dein gegenwärtiger Zustand ist so, wie er ist, weil du auf eine bestimmte Art und Weise denkst und fühlst und infolgedessen handelst. Wenn du dich permanent darauf konzentrierst, was du noch für einen weiten Weg vor dir hast, verstärkst du die Distanz und die Mühe. Das ist der Grund, warum es sich so anstrengend anfühlt. Wenn du dich nach innen wendest, darauf achtest, wie du dich fühlst, und beginnst, Gedanken zu denken, die sich besser anfühlen, entwickelst du Gedankenmuster, die dich mit Leichtigkeit an dein Ziel führen.

Ein Bildhauer stellt nicht mit einem Fingerschnipsen die Skulptur fertig. Das, was ihm wirklich Spaß macht, ist die Erschaffung der Figur. Vielleicht kannst du dir dein Leben so ähnlich vorstellen.
Es geht nicht darum, dass du ein bestimmtes Ziel erreichst und du dann glücklich bist. Es geht um den Weg dahin, darum, dass es dir Spaß macht, diesen Weg zu gehen. Wenn du beginnst, dich gut zu fühlen, und du beständig auf deine Gefühle achtest und dafür sorgst, dass du dich gut fühlst, wirst du viel mehr Positives in

dein Leben ziehen, als du vorher je für möglich gehalten hättest.

Intuition

Würden die Menschen sich auf ihre Intuition verlassen und danach handeln, gäbe es keine oder zumindest viel weniger Menschen, die unglücklich mit ihrem Leben sind.

Die Intuition leitet uns an, die Schritte zu gehen, die uns an einen »Ort« bringen, der uns guttut.

Wir »wüssten« dann einfach, ohne es zu wissen, dass etwas richtig oder falsch ist. Mit der Zeit haben wir aber verlernt, uns auf unsere Intuition zu verlassen, wir haben verlernt, intuitiv zu handeln.

Kinder verlassen sich zunächst auf ihre Intuition. Sie spüren, wenn etwas nicht in Ordnung ist. Wenn zum Beispiel ein Kind etwas in einem Geschäft umstößt und der Verkäufer sich darüber ärgert, aus Höflichkeit der Mutter gegenüber aber versichert, dass es nicht schlimm sei, dann löst er in dem Kind Verwirrung aus. Dessen Intuition sagt ihm nämlich, dass das Geschehene nicht in Ordnung war, aber es hört etwas anderes. Gleiches geschieht, wenn es vom Spielen nach Hause kommt und die Eltern sich vor zwei Minuten noch gestritten haben. Es spürt die »dicke Luft«, aber die Eltern sagen ihm, dass alles in Ordnung sei, in dem Glauben, es zu schützen. Solche Erlebnisse veranlassen uns dazu, unserer Intuition zu misstrauen. Das Gute ist, dass jeder Mensch diese Fähigkeit wieder erlernen kann. Indem du das Buch liest und die Schritte anwendest, lernst du immer mehr, dich auf deine Intuition zu verlassen und danach zu handeln.

Mit sich im Reinen sein

Menschen, die mit sich im Reinen sind, befinden sich in einem Zustand der Gegenwärtigkeit. Sie stehen zu sich und ihren Einstellungen und fordern nichts von anderen. Du merkst, wenn du in Harmonie mit dir bist, denn dann hast du dir nichts vorzuwerfen und stehst zu dem, was du tust. Da das Leben nicht statisch, sondern dynamisch ist, erleben wir stets Neues, und es ist ratsam, dass wir regelmäßig Zwiesprache mit uns halten, um sicher zu sein, dass wir im Gleichgewicht sind.

Handle nach deinem intuitiven Gefühl,
denn dann bist du mit dir im Reinen.

Inspiration vs. Motivation

In einem Bewusstseinszustand der Gegenwärtigkeit handeln wir aus der Inspiration heraus. Wir werten nicht, ob etwas richtig oder falsch, rentabel oder unrentabel, gut oder schlecht ist. Wir handeln und »wissen«, dass uns unsere Handlung an unser Ziel führen wird.
Im Gegensatz zur Inspiration basiert die Motivation nicht auf dem, was wir wollen. Die Motivation treibt uns deswegen an, weil wir etwas vermeiden möchten. Menschen, die beispielsweise Schlimmes erlebt haben, möchten vermeiden, dass sie nochmals in so eine Situation geraten. Ihr »Motor« für ihre Handlung ist negativen Ursprungs. Bei der Inspiration wird die Erinnerung an das, was war, nicht miteinbezogen. Das meint auch, dass Ängste und Bedenken nicht im

Wege stehen, denn sie halten uns oft davon ab, etwas zu verwirklichen, was eigentlich im Einklang mit dem steht, was wir wirklich wollen. Angst entsteht oft durch bestimmte Erlebnisse und daraus resultierende Überzeugungen.

Wie ist dein Leben im Moment?

Konzentriere dich auf das, was du willst. Wenn du dich zum Beispiel über dein altes Auto beschwerst, ziehst du Situationen an, die dir (vermeintlich) weiterhin Grund geben, dich zu beschweren. Stoppe das! Sage stattdessen, dass du ein neues, schönes Auto möchtest. Viele Menschen würden sicher an dieser Stelle den Einwand erheben, dass ihnen allein der Gedanke daran kein neues Auto bescheren wird. Das ist insofern richtig, wenn sie den Gedanken nicht halten und sich schnell immer wieder auf das fokussieren, was sie nicht haben, beziehungsweise auf das, was negative Gefühle auslöst. Die Art und Weise, wie du fühlst, geht in Resonanz zu dem, was du dir wünschst, und wenn du diese Gedanken lange genug hältst, dann wird sich deine Realität verändern. Das ist Gesetz.

Wenn du weißt, was du nicht willst,
frage dich, *was* du willst.

Schreibe auf, mit wem du worüber sprichst. Das hilft dir, dir bewusst zu machen, worauf du gedanklich fokussiert bist. Du wirst dir darüber bewusst, was der Tenor deiner Gespräche ist. Nimm dir die Zeit, die dafür nötig ist, um aufzuschreiben, worüber du sprichst und auch wie du sprichst, denn deine Stimmlage spiegelt dir dein Gefühlsleben wider. Für den Fall, dass du vergessen hast, es aufzuschreiben, hole es so bald wie möglich nach.

Ich habe vor einiger Zeit ein Gespräch mitverfolgt. Zwei Frauen, Anfang 30, unterhielten sich darüber, wie es sein könne, dass eine gleichaltrige Bekannte eine Diskothek für ihren Geburtstag mieten könne.
»Gehst du hin?«, fragte die eine.
»Nein«, sagte die andere mit zynischem Unterton. *»Will mal wissen, was die macht, dass die so viel Kohle hat. Unsereiner kann sich das nicht leisten.«*
Tatsache ist, dass die Frau den Raum mieten konnte, wie auch immer, aber sie konnte es.

Eine Einstellung, mit der man anderen Menschen missgönnt, was sie haben, wird einen nie in die Lage bringen, ein glückliches Leben zu führen und das zu besitzen, was man braucht, um rundum glücklich zu sein. Die Aussage *»Unsereiner kann sich das nicht leisten«* spiegelt die Einstellung der Frauen wider. Die Gesprächspartnerinnen schaffen im wahrsten Sinne des Wortes eine Distanz zu dem, was sie eigentlich wollen. Nun kannst du sagen, dass es aber wirklich nicht das ist, was du willst. Das erwähnte Gespräch dient nur als Beispiel. Übertrage es auf deine Situation.

Worüber sprichst du?

Woran denkst du? Liste es auf.

Kategorien

Sarkasmus	Neid, Missgunst	Schuld	Angst
	Wie man sich mit 30 eine Disko mieten kann		

Liebe	Anerkennung	Hass

Natürlich braucht es ein hohes Maß an Selbstreflexion und Ehrlichkeit, um herauszufinden, warum du auf eine bestimmte Art und Weise sprichst. Tue dein Möglichstes, um dir des »Motors« deiner Gedanken und Gespräche bewusst zu werden.
Ordne deine Gedanken in folgende Kategorien ein: Sarkasmus, Neid oder Missgunst, Schuld, Angst, Liebe, Anerkennung, Hass. Es ist in Ordnung, wenn du beispielsweise unter der Kategorie Missgunst und Neid recht viel einordnest. Es geht darum, dass du dir selbst bewusst machen musst, wie du denkst und sprichst, denn nur so kannst du etwas ändern.

Nehmen wir an, dass du dir mehr Geld wünschst, gleichzeitig denkst und sprichst du abwertend über Menschen, die Spaß mit dem haben, was ihnen Geld ermöglicht. Das hat zur Folge, dass Geld nicht in dem

Maße, wie du es dir wünschst, zu dir kommen wird, da du es nicht zulässt. Dieses Beispiel ist auf andere Themen übertragbar.

Gedanken und Gefühle
von Neid, Missgunst, Hass und Angst
verwehren dem, was du wirklich willst,
den Zutritt in dein Leben.

Jeder Gedanke hat seine eigene Schwingungsfrequenz. Jeder Gedanke sucht sich seine Entsprechung in Form von Menschen, Gegenständen und Situationen. Das heißt, wenn du über einen längeren Zeitraum deine Gedanken auf etwas fokussierst, was du nicht willst, fühlst du dich nicht gut, und du wirst Menschen und Umstände in dein Leben ziehen, die dir Grund geben, dass du dich weiterhin so fühlst. Genauso ist es andersherum. Die Medaille hat immer zwei Seiten.

Unzufriedenheit über das, was ist

Überlege dir, was in deinem Leben gegenwärtig ist, worauf du aber gerne verzichten würdest. Beleuchte

verschiedene Bereiche deines Lebens, beispielsweise deinen Beruf, deine Finanzen, deine Beziehung, deine Freundschaften oder sogar dein Auto. Nimm dir ruhig Zeit dafür, und sei dabei ehrlich zu dir. Schreibe es auf. Es kann geschehen, dass du sehr emotional wirst, aber wenn du wirklich ein Leben nach deinen Vorstellungen leben willst, dann ist dieser Schritt notwendig. Wenn du etwas verdrängst, dann hat das Verdrängte trotzdem weiterhin Bestand. Es ist sehr wichtig, dass du all das, was dich unzufrieden macht, zulässt. Rede dir nichts schön, und gehe in die Tiefe, verharre nicht an der Oberfläche. Du willst frei und klar sein, aber wenn du etwas verdrängst, dann ist es immer noch da und nur vermeintlich nicht präsent, aber es hält dich davon ab, das anzuziehen, was du dir wünschst.
Hast du den Gedanken, dass du dich nicht beklagen solltest, weil du glaubst, dass du dazu kein Recht hast? Aber du *bist* unzufrieden!

Sei ehrlich, und schreibe auf, womit du unzufrieden bist.

Vielleicht merkst du, wie du auf eine bestimmte Art und Weise reagierst. Vielleicht wirst du traurig, frustriert, aggressiv etc. Das ist okay, nimm es so an, und sage weiterhin die Wahrheit. Liste *alles* auf, womit du unzufrieden bist. Gibt es noch mehr, was dich stört?

Schreibe es auf!

Wenn du fertig bist, lies dir die Liste noch einmal durch, und gehe sicher, dass sie vollständig ist.
Sorge dafür, dass du Versprechen, die du gegeben hast, einhältst, und räume eventuelle Missverständnisse mit anderen Personen aus dem Weg.
Erwarte, dass du Einsichten erlangst, die du nicht erwartet hättest. Das bedeutet, dass du ein Stück weit mehr zu dir selbst findest.

Du erschaffst deine Zukunft,
aber meist ist es so, dass wir für das, was wir uns
wirklich wünschen, sofort Gründe finden,
weshalb es nicht umsetzbar sei.

Was ist dein Motor?

Überlege dir einmal, wann du dich besonders gut fühlst. In welchen Situationen bist du in einer positiven Verfassung, wann geht es dir einfach super?
Manchmal sagt einem der Kopf etwas anderes als das Gefühl. Der Kopf sagt oft, ich sollte dies oder ich sollte das nicht. Überlege dir, warum du dir etwas Bestimmtes wünschst. Manchmal wünschen wir uns etwas und

denken, dass es uns um das Gewünschte an sich geht, beispielsweise um ein bestimmtes Auto. Die Frage ist, was der »Motor« deines Wunsches ist. Wünschst du dir das Auto, weil du es schön findest und einfach das Gefühl, damit zu fahren, kaum abwarten kannst? Oder wünschst du es dir, um endlich Bewunderung zu ernten? Menschen, die sich wünschen, bewundert zu werden, handeln aus einem Gefühl des Mangels heraus.

Menschen, die, wie man so schön sagt, mit sich im Reinen sind, brauchen keine Bewunderung, aber bekommen sie trotzdem.

Falls du dich jetzt »ertappt« fühlst, ist das vollkommen in Ordnung. Aber bedenke, dass du das, was du nicht in dir hast, nicht von außen bekommen kannst. Das meint nicht, dass du das Auto (oder was auch immer) nicht haben darfst oder kannst. Es meint aber, dass du, sobald dein Wunsch erfüllt ist, du weitere materielle Dinge brauchst, die dich wertig fühlen lassen. Das bedeutet dann, dass du dich in einer Form der Abhängigkeit befindest. Und du kannst dir ja die Frage stellen: Was fühlt sich besser an, abhängig oder frei zu sein? Die Antwort liegt auf der Hand.

Wenn du dich selbst für das,
was du bist, nicht wertschätzt,
werden es auch andere nicht tun.

Zudem ziehst du Menschen in deine Realität, die ebenfalls glauben, dass Materielles allein sie glücklich macht, und die von außen »aufgefüllt« werden müssen. Sicher ist dir schon aufgefallen, dass die Begeisterung für etwas, was du dir neu gekauft hast, oft schnell verfliegt. Das Sich-darüber-Freuen hält nicht lange an. Das kommt daher, weil das Gefühl von Harmonie und Ausgeglichenheit von innen kommt. Das, was dich glücklich macht, ist dein Gefühl, und dein Gefühl entsteht durch deine Gedanken. Das ist der einzige Weg in dein Glück. Indem du andere Gedanken denkst, beginnst du, dich anders zu fühlen, und indem du dich gut fühlst, gehst du anders in die Welt hinaus. Indem du auf das, was du willst, fokussiert bleibst, ziehst du es in deine Realität.

Während du dich gut fühlst
und gegenwärtig bist, ziehst du genau das in deine
Realität, was du dir wünschst.

Wenn du in einem Zustand völliger Gegenwärtigkeit auf das fokussiert bist, was du dir wünschst, kannst du es sofort in deine Realität ziehen. Das ist möglich. Und dir ist das sicherlich auch schon passiert, aber vielleicht hast du es für einen Zufall gehalten. Da du nun aber um die Gesetzmäßigkeiten des Universums weißt, verstehst du, wieso das passiert ist.

Zu wissen, dass dein Leben und das Leben der anderen auf diesen Gesetzmäßigkeiten beruhen, kann dich ungeheuer stärken. Es meint, dass du dir bewusst bist, welche Kraft und Macht in dir stecken, und dass du frei bist. Es meint, dass du das auswählen kannst, was du willst, denn du erschaffst es.

Das, was im Moment
in deinem Leben real ist, ist eine Spiegelung deiner Gedanken bzw. deiner Gefühle und Handlungen, kurz gesagt: deiner Einstellung.

Indem du immer mehr auf das Universum vertraust, siehst du immer weniger Sinn darin, dich über das, was ist, zu beschweren. Wenn du für dich entscheidest, das Leben zu leben, das du dir wünschst, dann macht es keinen Sinn, dich über den Ist-Zustand zu beschweren. Manchmal fällt es aber schwer, sich nicht auf das zu fokussieren, was man nicht will, weil das Hier und Jetzt, also das, was ist, sich schrecklich anfühlt. Wir können dann nicht glauben, dass wir es selbst kreiert haben, und fühlen uns vollkommen abhängig. Jeder Mensch hat ein Ego, das überhandnehmen kann. Das ist normal, und bei jedem von uns kommt das von Zeit zu Zeit vor. Wie lange diese Phasen anhalten, kannst aber du bestimmen.

Welcher Lebensbereich verdient besondere Aufmerksamkeit?

Es gibt Bereiche in unserem Leben, deren Zusammenspiel unser Glücklichsein ausmacht. Die Bereiche sind Gesundheit, Beziehung, Freundschaften, Beruf, Finanzen.

Geld nützt einem nichts, wenn man todkrank ist und nichts von dem, was einem finanzielle Mittel ermöglichen können, in Anspruch nehmen kann. Gesundheit allein ist schon viel wert, aber ohne Geld können wir uns in der materiellen Welt, in der wir leben, vieles nicht leisten, manchmal sogar nicht einmal das Dach über dem Kopf. Einen Beruf auszuüben, der Freude bereitet, ist wichtig. Es geht dabei nicht vordergründig ums Geldverdienen. Besonders die Anerkennung und Wertschätzung der anderen Menschen für das, was man tut, lässt uns weiterhin Freude an dem haben, was wir tun. Freundschaften und Beziehungen, die es uns ermöglichen, uns auszutauschen, sind wichtig, denn durch Gespräche kommen wir zu neuen Erkenntnissen, und durch das Gefühl, angenommen, wertgeschätzt und geliebt zu werden, fühlen wir uns gut und werden emotional genährt. Die genannten Bereiche greifen alle ineinander über. Gibt es in einem dieser Bereiche ein Defizit, resultiert daraus ein Ungleichgewicht, und wir fühlen uns nicht in Balance.

Welcher Bereich ist es bei dir, der mehr Zuwendung bedarf? Wie zufrieden bist du mit den einzelnen Bereichen auf einer Skala von 1 bis 10? 10 bedeutet optimal, und 1 bedeutet überhaupt nicht.

Gesundheit: *1 2 3 4 5 6 7 8 9 10*

Beziehung: *1 2 3 4 5 6 7 8 9 10*

Freundschaften:	*1 2 3 4 5 6 7 8 9 10*
Beruf:	*1 2 3 4 5 6 7 8 9 10*
Finanzen:	*1 2 3 4 5 6 7 8 9 10*

Was kannst du tun, dass Bereiche, mit denen du nicht zufrieden bist, höher eingeordnet werden? Das Universum liebt Geschwindigkeit, und wenn dir danach ist, sofort zu handeln, dann tue es.

Was kannst du tun, jetzt sofort?

Eine Handlung führt zur nächsten, so, wie ein Gedanke zum nächsten führt.

Warum Aufräumen so wichtig ist

Indem du im Außen aufräumst, räumst du auch innerlich auf. Wenn um dich herum ein Durcheinander herrscht, dann spiegelt das ein ungeordnetes Bewusstsein wider. Zahle deine Schulden, oder versprich den Menschen, denen du Geld schuldest, es zurückzuzahlen. In der Regel belasten uns unbezahlte Rechnungen. Wenn dich etwas aus der Vergangenheit in der Gegenwart belastet, beeinflusst es auch deine Zukunft. So wirst du weiterhin Dinge kreieren, die dich belasten. Schulden oder ungeklärte Dinge halten dich davon ab, gegenwärtig zu sein.

Erstelle hier eine Liste, und schreibe auf, was du klären kannst, auch im finanziellen Bereich. Setze einen Haken hinter erledigte Dinge.

Handle jetzt,
und schiebe es nicht weiter hinaus.

Räume deine Schränke und deine Wohnung bzw. dein Haus auf. Reinige auch dein Auto. Sprich mit Menschen in deinem Leben, deinen Eltern und Geschwistern, Freunden, mit denen du eigentlich schon lange Kontakt aufnehmen wolltest, es aber bislang nicht getan hast. Öffne dich Menschen, denen du bis jetzt aus dem Weg gegangen bist, und Menschen, von denen du glaubst, dass ein Gespräch mit ihnen zu nichts führen würde. Indem du das tust, können sich neue Türen öffnen, und du beginnst, das, was ist, anders wahrzunehmen. Du fängst an, über den Tellerrand hinauszuschauen. Du beginnst, das wahrzunehmen, was vielleicht schon immer da war, aber von dir bislang übersehen wurde. Diese Schritte bringen dich in einen Zustand der geistigen Klarheit. Es kann sein, dass es dir schwerfällt, bestimmte Dinge zu tun, aber mache dir noch einmal bewusst, dass dein Leben, wie es im Moment ist, ein Spiegelbild deiner inneren Einstellung ist. Zunächst geht es um die Bereitschaft, etwas zu verändern und aktiv zu werden, und es geht immer darum, dass du dich mit dem, was du tust, gut fühlst. Hast du das Gefühl, dass es dich ein bisschen Anstrengung kostet, dann überwinde dich, und fange an, Ordnung zu schaffen.

Menschen, die sich mit sich selbst beschäftigen und den Wunsch haben, ihr Leben zu verändern, entwickeln oft von ganz allein das *Bedürfnis* aufzuräumen.

Was umgibt dich?

Schließe einmal deine Augen, und schaue dich im Geiste in deiner Wohnung um. Dann öffne deine Augen, und prüfe, ob du einige Gegenstände, die tatsächlich vorhanden sind, im Geiste übersehen hast. Welche Gegenstände sind einfach da, aber werden nicht mehr bewusst von dir wahrgenommen? Überlege, wie du sie so arrangieren kannst, dass du sie wieder wahrnimmst. Trenne dich von dem, was überflüssig ist. Gegenstände haben auch oft ihre eigene Geschichte, und wenn sich viele Dinge, die ihre eigene Geschichte haben, in einem Raum befinden, dann hörst du quasi alle Geschichten auf einmal, und das kann unbewusst für Unruhe sorgen.

Indem du aufräumst, schulst du deine Aufmerksamkeit, siehst Dinge aus einem anderen Blickwinkel, und deine Aufmerksamkeit verteilt sich nicht auf so vieles gleichzeitig. Das spiegelt sich auch in anderen Themen deines Lebens wider.

Während du aufräumst,
räumst du auch innerlich auf,
mache dir das noch einmal bewusst.

Je klarer du wirst, desto mehr spürst du deine Intuition, dein Bauchgefühl, und handelst danach. Deine Intuition und deine Handlungen führen dich an dein Ziel. Vielleicht fragst du dich, was dein Ziel ist? Indem du aufräumst und Ordnung schaffst, schaffst du auch Platz für neue Gedanken und Ideen.

Bist du in Harmonie zu dem, was du willst?

Immer wenn du dich nicht gut fühlst, bist du nicht in Harmonie mit dem, was du willst. Gehe in dich, und frage dich, was du willst. In dem Moment, in dem du dich auf das konzentrierst, was du willst, beginnst du, genau das anzuziehen, was du dir wünschst, und du hörst auf, Negatives anzuziehen.

Was willst du?

. . . .

. . . .

. . . .

. . . .

. . . .

. . . .

. . . .

. . . .

. . . .

. . . .

. . . .

Wie du bekommst, was du willst

Einer der Gründe, warum es vielen Menschen so schwerfällt, darüber zu sprechen, was sie erreichen wollen, ist der Glaube daran, sie müssten immer die Wahrheit darüber sagen, wo sie im Moment stehen.

Wenn du wirklich verstehst, dass das Gesetz der Anziehung darauf reagiert, was du erzählst und infolgedessen fühlst, und dass es dir das liefert, worauf du tatsächlich fokussiert bist, dann macht es wirklich Sinn, dass du beginnst, dein Leben so zu erzählen, wie du es dir wünschst. Das heißt nicht, dass du sofort durch die Gegend laufen und allen erzählen sollst, dass du beispielsweise einen neuen Freund hättest, aber erzähle es dir selbst. Anderen Menschen kannst du es beispielsweise so erzählen: *»Ich wünsche mir …«,* oder: *»Ich stelle mir vor, dass …«* Ich habe mir angewöhnt, auf Autofahrten mein neues Leben zu erzählen. Und zwar laut, denn das hilft mir, mich noch mehr so zu fühlen, als wäre es bereits real. Es macht auch großen Spaß. Das Leben verändert sich, wenn man das konstant tut. Wenn man sich klar macht, was man nicht will, und stattdessen erzählt, *was* man will, beginnt man, genau das in sein Leben zu ziehen, was man sich wünscht, denn man fühlt sich einfach großartig dabei.

Es ist immer hilfreich,
sich noch einmal ins Gedächtnis zu rufen,
dass man das bekommt, was man
gefühlsmäßig aussendet.

Manchmal glauben Menschen, dass sie das, was sie in ihrem Leben haben, aber nicht wollen, in gewisser Weise schönreden müssen, denn sie sind der Überzeugung, dass sie es eh nicht ändern können. Wie du dich fühlst, ist immer ein Ergebnis des Gedankens, den du gewählt hast. Immer wenn du dich nicht gut fühlst, ist das ein Zeichen dafür, dass etwas nicht stimmt. Je mehr du verstehst, dass du mit deinen Gedanken bzw. Gefühlen Schwingungen aussendest, die dir das passende Pendant bringen, desto leichter wird es dir fallen herauszufinden, was dir bessere Gefühle beschert. Je mehr du das trainierst, desto weniger wirst du überhaupt in deinem Leben in Situationen geraten, die dir Grund geben, dich schlecht zu fühlen, beziehungsweise diese Phasen werden immer schneller vorübergehen.

Dein Leben transformiert
sich mit der Zeit.

Nimm das, was in deinem Leben im Moment ist, an

Wenn du glaubst, dass alles aus einem Grund geschieht, kann es dir leichter fallen, das anzunehmen, was ist.

Denn dann glaubst du, dass das, was geschieht, einen Sinn hat. Wenn es dir schwerer fällt, für Dinge dankbar zu sein, die du lieber nicht hättest, dann überlege, warum das so ist.

Manchmal habe ich das Gefühl, dass Menschen, die das Gesetz der Anziehung leben und anderen erklären, den Eindruck vermitteln wollen, dass man permanent fröhlich durch die Welt spazieren und eine großartige Begebenheit nach der anderen anziehen kann. Schaut man sich nur die Ergebnisse dieser Menschen an, dann ist das tatsächlich überwiegend auch so.

Menschen, die die universellen Gesetzmäßigkeiten verstanden haben und anwenden, *ziehen das in ihr Leben,* was sie sich wünschen.

Aber: Jeder Mensch hat ein Ego, und wenn wir das nicht hätten, dann wären wir keine Menschen. Die Menschen, die genau das in ihr Leben ziehen, was sie sich wünschen, unterscheiden sich dahin gehend von den anderen, dass sie sich immer wieder bewusst dafür entscheiden, sich auf das zu fokussieren und einen Anspruch darauf zu erheben, was sie sich wünschen.

Meiner Meinung nach hat jeder Mensch Phasen in seinem Leben, in denen er sich neu »justieren« muss, und genau das macht das Menschsein aus. Die Buddhisten glauben beispielsweise, dass man auch das Leid kennen muss, um fähig zu sein, das Schöne zu schätzen. Man kann durchaus darüber nachdenken, ob wir denn viel Geld oder ein schönes Heim zu schätzen wüssten, wenn wir nicht auch wüssten, wie es sich mit weniger lebt. Ich meine damit nicht, dass man ganz unten gewesen sein muss, was immer das auch für den Einzelnen meint. Jeder Mensch hat sein eigenes Empfinden von Leid, so empfindet Paris Hilton ein Dreisternehotel wahrscheinlich im Vergleich zu ihren sonstigen Unterkünften als Zumutung.

Während du dieses Buch liest, entwickelst du ein anderes Bewusstsein. Indem du an das Gesetz der Anziehung glaubst, machst du es dir zum Ziel, alles, was dir geschieht, aus einem anderen Blickwinkel zu betrachten.

Dinge geschehen für dich.

Es wäre viel einfacher, wenn …

Viele Menschen beschweren sich darüber, dass es besonders schwer sei, sich auf etwas zu fokussieren, was noch nicht real ist. Sie glauben, dass es viel leichter sei, sich auf etwas Positives zu fokussieren, wenn es schon in ihrem Leben vorhanden ist.

Du denkst, dass es viel einfacher sei, sich gut zu fühlen, wenn deine Beziehung funktionieren würde, wenn du eine Arbeit hättest, die dir Spaß macht, wenn du mehr Geld hättest, wenn du eine bessere Figur hättest. Wenn die Umstände besser wären, würdest du dich besser fühlen, und dann wäre es einfacher, positiv zu denken. Ja, natürlich ist das wahr beziehungsweise kann es wahr sein. Du kannst nicht erwarten, dass dir die perfekten Umstände und die perfekte Umgebung von anderen geboten werden. Erstens liegt das nicht in ihrer Verantwortung, zweitens ist es für andere nicht möglich, die Umstände, die du kreiert hast, zu kontrollieren und zu verändern, und drittens würdest du deine eigene Macht (im Sinne von Kraft) abgeben und dir die Fähigkeit aberkennen, deine eigene Welt zu kreieren. Solange du glaubst, dass du dich nur auf das fokussieren kannst, was in der Gegenwart geschieht, auf das, was unzufriedenstellend ist, kannst du ein Leben lang auf bessere Zeiten warten.

Denn deine Fokussierung
auf Ungewolltes hält das Gewollte zurück,
und du erhältst mehr von dem,
was du nicht willst.

Du musst nicht darauf warten, dass etwas Positives geschieht, um dich gut zu fühlen. Du besitzt die Fähigkeit, dich sofort gut zu fühlen, unabhängig davon, was im Moment real ist. Dinge, die du erlebst, sind eine Antwort auf die Schwingung, die du aussendest. Die Schwingung sendest du aufgrund deiner Gedanken aus, die deine Gefühle verursachen.

Finde Gedanken, die sich gut anfühlen,
und Manifestationen, die sich gut anfühlen,
müssen folgen.

Entscheide dich dafür, nach Dingen Ausschau zu halten, bei denen oder durch die du dich besser fühlst. Betrachte deine Umgebung als eine Art Buffet. Sie bietet dir viele Möglichkeiten, und du kannst das wählen, was du möchtest.

Aber ich fühle mich doch gut!

Manchmal glaubt man, dass man auf das fokussiert sei, was man möchte, aber in Wirklichkeit ist das Gegenteil der Fall.
Allein das Aussprechen von Worten, die sich positiv anhören, bedeutet nicht, dass du positive Schwingungen aussendest. Es geht allein um die Art und Weise, wie du dich fühlst, während du sprichst.

Wann immer du dich schlecht fühlst, ziehst du Schlechtes an.

Der Grund für dein schlechtes Gefühl ist die Fokussierung auf die Abwesenheit von etwas, was du willst. Viele Menschen betrachten negative Emotionen als etwas, auf das sie gerne verzichten würden, aber ich sehe sie als hilfreiche Werkzeuge. Deine negative Gefühlslage hilft dir zu verstehen, worauf dein Fokus liegt, welche Schwingung du aussendest und was du im Begriff bist zu manifestieren. Wenn du daran glaubst, dass du deine Realität erschaffst, wenn du glaubst, dass deine Resultate aufgrund deiner Gedanken und Gefühle entstehen, was hält dich dann jetzt noch davon ab, dich auf das zu fokussieren, was du willst? Was hält dich davon ab, Lästereien und Vertiefungen in Problemfälle zu vermeiden? Das heißt nicht, dass du Dinge verdrängen sollst.

Mache dir klar, was es ist,
was du nicht willst, und fange dann an,
Gedanken zu wählen, durch die du dich gut fühlst.

Welche Gedanken fühlen sich gut an?

Das, was du im Moment in deinem Leben erfährst, ist nichts weiter als ein Ausdruck deiner Gedanken, Gefühle und der daraus resultierenden Handlungen. Aus diesen drei Komponenten besteht deine Einstellung.

Erfolg und Misserfolg –
das sind Gegensätze,
die jedoch zusammengehören.

Natürlich gibt es viele Missstände auf der Welt. Menschen, die sich entschieden haben, auf die negative Seite der Medaille zu schauen, neigen oft dazu, die Umstände oder andere Menschen dafür verantwortlich zu machen, was geschieht. Sie geben somit ihre Verantwortung ab.
Viele Menschen verstehen jedoch, dass sie verantwortlich sind, was ihr Verhalten betrifft. Sie wissen, dass sie ihre Gedanken und Gefühle wählen können. Zu verstehen und anzunehmen, dass man ebenfalls dafür verantwortlich ist, was man erlebt, eröffnet einem eine komplett neue Sichtweise.

Indem du dir wirklich bewusst machst, dass du deine Realität durch das, was du denkst, fühlst und glaubst,

kreierst, bekommt für dich das Thema Verantwortung eine neue Bedeutung.
Durch deine Gedanken sendest du Signale nach »draußen«, die dort in Resonanz mit der gleichen Energie gehen. Deine innere Haltung wird dir widergespiegelt. Du hast die Wahl, eine vermeintliche Niederlage nicht als solche zu empfinden, sondern als Chance. Als Chance, etwas zu ändern, an einem anderen Rad zu drehen, um das Ziel zu erreichen, und als Notwendigkeit, zu wachsen. Wenn du beginnst, deine Welt und die Dinge, die du erlebst, aus dieser Perspektive zu betrachten, lebst du ein selbstbestimmtes Leben. Es ist deine Entscheidung.

Du hast die Wahl,
ein selbstbestimmtes Leben zu führen.

Lache so viel wie möglich

Es ist nicht möglich, gleichzeitig an etwas Negatives und an etwas Positives zu denken. Es geht nur das eine oder das andere.

Wir kennen alle den Spruch:
»*Lachen ist die beste Medizin.*«

Herzhaftes Lachen ist richtige körperliche Arbeit. Fast sämtliche Muskeln im Körper werden dabei beansprucht. Die Atmung wird stark angeregt, sodass es zu einem beschleunigten Austausch von verbrauchter und sauerstoffangereicherter Luft kommt. Die Lungenflügel dehnen sich und nehmen drei- bis viermal so viel Sauerstoff auf wie gewöhnlich. Insgesamt kommt es zu einer besseren Durchblutung der Muskulatur. Arterien werden entspannt, und der Blutdruck wird gesenkt. Das Zwerchfell bewegt sich und massiert dadurch die inneren Organe. Durch Lachen baut der Körper Stresshormone ab. Hormone, sogenannte Endorphine, die ein Glücksgefühl verursachen, werden ausgeschüttet. Indem wir herzhaft lachen, sind wir vollkommen im Einklang mit uns. Es geht uns dann einfach gut, und wir hegen keine sorgenvollen Gedanken an die Vergangenheit oder Zukunft, folglich sind wir im Hier und Jetzt, also in der Gegenwart. Es macht also durchaus Sinn, viel zu lachen – einfach so.

Jeder Mensch lacht über etwas anderes. Überlege einmal, was dich richtig fröhlich macht und dich zum Lachen bringt. Vielleicht reicht es schon, wenn du an etwas Amüsantes aus der Vergangenheit denkst, ein witziges Buch liest oder einen lustigen Film schaust. In vielen Städten wird mittlerweile auch Lachyoga angeboten.

Welche Auswirkungen Überzeugungen auf unsere Gegenwart haben können

Um noch deutlicher zu machen, wie sehr Überzeugungen die Realität bestimmen können, möchte ich dir eine kleine wahre Geschichte erzählen:
Eine Frau mittleren Alters war glücklich verheiratet und Mutter zweier gesunder Kinder. Als ihr Mann eines Tages bei der Arbeit war, begegnete sie einem Handwerker, den sie nicht besonders attraktiv fand. Dennoch begann sie eine Affäre mit ihm. Ihr Ehemann fand es heraus und trennte sich von ihr. Die Frau verstand ihr Handeln im Nachhinein selbst nicht mehr, denn sie hatte alles besessen, was sie sich je gewünscht

hatte, aber sie hatte es selbst zerstört. Niemand hatte sie gezwungen, so zu handeln, sie hätte keine Affäre beginnen müssen, zumal von ihrer Seite aus keine Gefühle im Spiel gewesen waren.

Die meisten Annahmen
entwickeln wir in unserer Kindheit.
Wir hinterfragen sie nicht.

Die Frau hatte in ihrer Kindheit Folgendes erlebt. Als sie noch klein gewesen war, hatte sie einmal ferngeschaut, obwohl es ihre Eltern ihr verboten hatten. Sie wurde zurechtgewiesen und hatte verstanden, dass ihr Verhalten nicht in Ordnung gewesen war. Am darauffolgenden Tag ging ihre Mutter mit ihr in ein Geschäft, und sie bat ihre Mutter um ein Eis. In dieser steckte noch der Groll vom Vortag, den die Tochter jedoch schon längst vergessen hatte, und deswegen sagte sie zu dem Kind: *»Nein, du hast es nicht verdient.«* Das, was das Kind abspeicherte, war: *»Du hast es nicht verdient.«* Diesen Satz hörte es in seiner Kindheit noch mehrere Male aus dem Mund der Eltern und verinnerlichte ihn. Aufgrund dieser Annahme verhielt sie sich dann als

Erwachsene so, wie oben beschrieben, und sorgte so dafür, dass das, was ihr guttat, nicht anhielt, denn sie glaubte, dass sie ES nicht verdient hätte.

Bevor sich in deinem Leben dauerhaft etwas verändern kann, müssen sich deine Annahmen verändern. Was du bis jetzt erreicht hast, spiegelt deine Annahmen wider, nicht dein wirkliches Potenzial.

Du hast ein Bild von dir
in deinem Geist gespeichert,
und das Leben, das du im Moment lebst,
resultiert aus deinen Überzeugungen.

Ich habe es nicht verdient

Viele Menschen haben das Gefühl, dass sie dieses oder jenes nicht verdient hätten. Das ist der Hauptgrund dafür, dass das Gewünschte nicht real wird. Wir haben das Gefühl, dass wir erst hart arbeiten müssten, um uns etwas »erlauben« zu können.

Je größer in uns der Wunsch nach etwas ist, desto weniger haben wir das Gefühl, es verdient zu haben.

Oft kommt auch noch ein schlechtes Gewissen hinzu. Schon in der Grundschule lernen Kinder, dass sie sich etwas verdienen müssen. Durch Bestrafungen, wie etwa Pausenverbot, wenn sie zuvor nicht korrekt gehandelt haben, und durch Sätze wie *»Du willst doch nicht wieder Pausenverbot haben, dann arbeite jetzt fleißig und sei leise«* lernen sie zu handeln, um das zu vermeiden, was sie nicht wollen. Der Fokus liegt folglich auf dem, was sie nicht wollen, und das hat somit weiterhin in ihrem Leben Bestand.

Lösungen finden

Menschen wollen oft herausfinden, woher die Situation rührt, in der sie stecken, und wie genau sie da hineingeraten sind. Es ist verständlich, dass du dir eine Verbesserung deiner Situation herbeisehnst und aufgrund dessen nach einer Lösung suchst. Aber es besteht ein Unterschied dazwischen, ob du wirklich nach einer Lösung suchst, oder ob du in Wirklichkeit auf dem Problem »herumreitest« und es damit größer machst. Es ist wichtig zu erkennen, dass du in einer Situation steckst, die dir nicht guttut. Je schneller du eine Lösung findest und dich wieder auf das fokussierst, was du willst, desto besser.

Schaue dich einmal in deinem Freundeskreis um, vielleicht hast du es oft schon erlebt, dass du einen Anruf von einem Freund oder einer Freundin erhalten hast und ihm beziehungsweise ihr zugehört hast, wie er oder sie sich über den Chef aufgeregt hat. Vielleicht hast du selbst mit eingestimmt, und ihr habt euch zusammen über ihn in Rage geredet und dann mit dieser Einstellung auch das Gespräch beendet.
Nachdem du nun immer mehr Einblick in das Wirken des Gesetzes der Anziehung erhalten hast, kannst du beim nächsten Mal deinen Gesprächspartner danach fragen, was er/sie tun kann, dass Besserung eintritt.

Eine immer wiederkehrende
Darstellung und Besprechung der Probleme
hält davon ab, eine Lösung zu finden.

Das Universum vergilt Gleiches mit Gleichem, und wenn ein Problem immer wieder besprochen wird, entwickelt es sich zu einer nicht endenden Geschichte. Je mehr du dir bewusst machst, dass du deine Welt kreierst, und du für dich beschließt, dass du in Harmonie und Frieden leben möchtest, desto schneller findest du eine mögliche Lösung.
Gib dein Bestes, um dich auf das zu konzentrieren, was du dir wünschst.

Es gibt so viel mehr
gute als schlechte Dinge in deinem Leben.
Und du hast die Wahl, dich auf
das Gute zu fokussieren.

Du kannst lernen, dich auf das zu fokussieren, was gut läuft. Beginne, ein Büchlein zu führen, in welches du täglich für mindestens zehn Minuten schreibst, was für positive Dinge in deinem Leben präsent sind. Wann immer du dich unwohl fühlst, beispielsweise während du über deine finanzielle Situation, deine Freundschaften oder über Berufliches sprichst, lässt du die Lösung in dem Moment nicht zu.

Habe Geduld mit dir, und sieh es als Prozess. Indem du zunächst aufschreibst, wofür du dankbar bist, denkst du Gedanken und empfindest Emotionen, die dir guttun. Aufgrund des Gesetzes der Anziehung entstehen weitere positive Gedanken und folglich Gefühle, die dir guttun. So steigert sich dein Wohlgefühl mit der Zeit immer mehr. Je mehr du das tust und ganz bewusst nach Gedanken Ausschau hältst, die dir guttun, desto schneller gerätst du aus einer negativen Emotionslage in eine positive.

Nehmen wir mal an, du befindest dich in einer Situation, in der du dich sehr schlecht fühlst. Du fühlst dich hilflos, bist mutlos, irgendetwas scheint einfach aussichtslos zu sein. Sich aus so einer Gefühlslage sofort in eine positive zu versetzen, ist schwierig. Indem du beständig nach Gedanken suchst, die dich dich besser fühlen lassen, lässt du das Gesetz der Anziehung so für dich arbeiten, wie es in deinem Sinne ist, und du beginnst, dich besser zu fühlen und besser und besser. Du kannst gleich morgens damit anfangen, noch während du im Bett liegst. Jeden Morgen hast du die Möglichkeit, deine Gedanken darauf zu fokussieren, wofür du dankbar bist, und mit der Zeit wirst du merken, dass du deine Gedanken wirklich kontrollieren kannst. Das meint, dass du deinen Gefühlen auch nicht ausgeliefert bist, und aufgrund der positiven Transformierung deiner Lebensumstände gewinnst du immer mehr Vertrauen in dich und deine Kräfte.

Du bist auf dem richtigen Weg,
das Leben zu führen, das du dir wünschst.
Du führst es bereits.

Du befindest dich auf einer Reise. Auf dieser Reise steckst du dir unterschiedliche Ziele, an manchen Orten verweilst du länger, andere verlässt du schnell wieder. Jeder Ort, den du besuchst, bietet dir neue, spannende Erfahrungen, die dir auf deiner weiteren Reise zugutekommen.

Du entwickelst immer mehr eine klare Vision von deinen Zielen, jedoch kann sich die Sicht auch kurzzeitig verschlechtern, bevor du wieder scharf sehen kannst. Deine Haltung dir selbst gegenüber hat sich verändert. Du hast ein Ziel, und das ist ein gutes Gefühl. Daraus ergeben sich wunderbare Begebenheiten.

Das, was den Unterschied ausmacht und deine Realität verändert, sind die Umsetzung deines Wissens und der

Beschluss, dass du das beste Leben voll und ganz verdient hast. Habe Geduld und Vertrauen, dass sich alles so formt, wie es für dich genau richtig ist.

So, wie es ist, ist es gut,
und du bist wunderbar, so, wie du bist.

Alles Liebe
Deine Doro

Die Autorin

Dorothea Dietrich lebt, liebt und arbeitet in ihrer Wahlheimatstadt Köln. Als Grundschullehrerin und ausgebildeter Life Coach hilft sie Menschen – egal, ob groß oder klein – dabei, ihr Leben aus einer anderen Perspektive zu betrachten und das zu verwirklichen, was sie sich wirklich wünschen. Derzeit konzentriert sie sich auf das Schreiben weiterer Bücher und veranstaltet ab September den *Soul Mate Club*: Hier finden Singles ihren Seelenpartner.

Besuche sie unter:
www.dorothea-dietrich.de
Dorothea Dietrich findest du auch auf
Facebook und Twitter.

Bildnachweis

Covergestaltung unter Verwendung eines Fotos der Autorin
Fotograf: Bastian Schloen, www.studio-schloen.de

Foto auf Seite 92:
Fotograf: Ralf Bauer, www.atelier-ralfbauer.de, www.ralfbauer.de

Blumenmotiv auf Cover und Innenseiten:
fotolia_17993762 (seamless pattern) © ultramarin

Ebenso von der Autorin erschienen im Schirner Verlag

Dorothea Dietrich
Träum dir deinen Mann

978-3-89767-927-6

96 Seiten

Das Resonanzgesetz für Frauen

Endlich den Traummann finden … Dieses Buch enthält ein effektives Coaching-Programm, mit dem dieses Ziel in greifbare Nähe rückt. Einer grundlegenden Selbstanalyse folgen zahlreiche Übungen, durch die Sie sich Stück für Stück mit ihrem Idealbild Mann vertraut machen können: Welche Eigenschaften wünschen Sie sich? Wie sieht Ihre perfekte Beziehung aus? Was behinderte Ihr Liebesglück bisher? Dorothea Dietrich hilft Ihnen bei der Entfaltung von Selbstliebe und der Umprogrammierung Ihrer Glaubenssätze. So entwickeln Sie ganz spielerisch die Fähigkeit, genau den Mann in Ihr Leben zu holen, den Sie suchen!